Este libro pertenece a...

Nombre:

Dirección:

Teléfono:

Mis primeros relatos de la Biblia

LIBSA

C/ San Rafael, 4
28108 Alcobendas (Madrid)
Tel.: (34) 91 657 25 80
Fax: (34) 91 657 25 83
e-mail: libsa@libsa.es
www.libsa.es

Textos: Equipo editorial LIBSA
Ilustración: José Luis Navarro
Edición: Equipo editorial LIBSA

ISBN: 978-84-662-3273-9

DL: 18836-2015

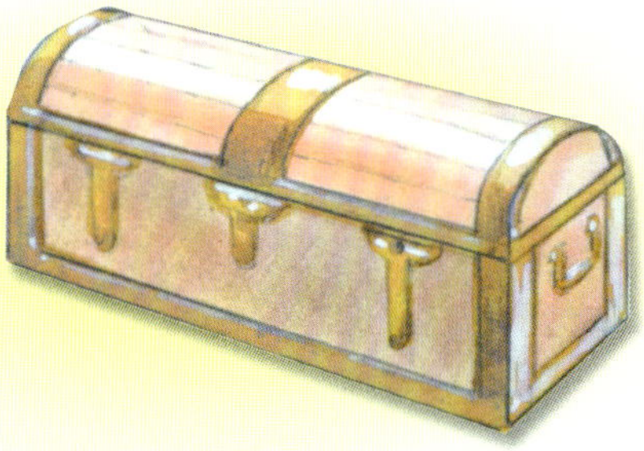

Antiguo Testamento

¡Así empezó todo!

Al principio todo estaba oscuro y silencioso.

No se veía nada ni se oía nada, porque NO había NADA.

Pero Dios quiso crear el mundo y ocurrió el milagro:

El primer día hizo la LUZ y el segundo día creó el CIELO.

Notó Dios que lo que había hecho
era bueno, así que continuó:

El tercer día hizo la TIERRA,
y ese mismo día también hizo el MAR
y las AGUAS dulces que regaban la tierra.

Pero todavía no había terminado la CREACIÓN:

El cuarto día hizo las ESTRELLAS brillantes,
la LUNA plateada y el dorado SOL,
para que a todas horas adornasen el cielo.

Y el quinto día hizo a los ANIMALES grandes
y pequeños del aire, de la tierra y del mar.

Adán y Eva

Dios sentía que todo lo que había hecho aquellos días era BUENO, así que…

… el sexto día creó al HOMBRE y a la MUJER.

Al hombre lo llamó ADÁN y a la mujer EVA, y les regaló un lugar muy especial: el PARAÍSO.

Y al séptimo día, DIOS, satisfecho con todo lo que había creado, descansó.

La tentación

Una vez en el Paraíso, Dios les dejó disfrutar de todo lo que allí había.

Solo les pidió una cosa: que NO COMIERAN del fruto del ÁRBOL del Bien y del Mal. Pero una serpiente envidiosa engañó a la mujer y la convenció para que tomara la FRUTA PROHIBIDA. Ella la comió y se la dio también a probar al hombre.

La expulsión del Paraíso

Dios se entristeció tanto con ellos, que los echó del PARAÍSO. Les negó la VIDA ETERNA, pero a cambio les ofreció pieles para vestirse y les mostró una nueva tierra que trabajar y de la que alimentarse fuera del JARDÍN DEL EDÉN. Además, les prometió hijos, e hijos a sus hijos.

Adán y Eva sintieron VERGÜENZA y REMORDIMIENTOS, por eso cubrieron su cuerpo y conocieron la tristeza.

Caín y Abel

CAÍN y ABEL fueron los primeros hijos de Adán y Eva en la Tierra. Caín, el mayor, cultivaba la tierra y Abel, el más pequeño, cuidaba el ganado. Los dos ofrecían el fruto de su trabajo a Dios, como sus padres les habían enseñado.

Un día Caín se enfadó porque Dios había felicitado a Abel por un cordero, pero apenas hizo caso de la cosecha que Caín le ofrecía en sacrificio, así que, en un arranque de ENVIDIA, Caín MATÓ a su hermano Abel.

Dios lo expulsó de aquellas tierras; pero Adán y Eva tuvieron otro hijo, SET. Y de Set nacieron hijos, y más hijos de sus hijos, hasta que nació NOÉ, que era un hombre bueno, agradable a los ojos de Dios.

El diluvio universal

Poco después, los habitantes de la Tierra dejaron de comportarse como Dios les había enseñado, y para castigarles decidió que llovería sin parar cuarenta días y cuarenta noches. Aquello fue el DILUVIO UNIVERSAL.

Dios avisó a NOÉ para que construyera un ARCA de madera en la que se refugiaron su FAMILIA y una PAREJA de cada ANIMAL del cielo y de la tierra.

El arca de Noé

Un día, por fin, dejó de llover. Cuando las aguas se calmaron, volvió a brillar el sol en el cielo y por fin se veía tierra en el horizonte, Noé envió a una PALOMA que trajo en su pico una RAMA DE OLIVO. Era la señal de que la tierra había vuelto a florecer.

Entonces bajaron TODOS del arca, hombres y animales, para poblar de nuevo aquel lugar, llamado MESOPOTAMIA.

Y se asentaron allí los animales, y nacieron también los hijos de los hijos, y los nietos de los nietos de Noé, formando distintas FAMILIAS, y así se PROPAGÓ el nuevo género humano sobre la Tierra.

La torre de Babel

Un día, orgullosos de sí mismos, los hombres se reunieron para crear un monumento extraordinario que hiciera célebre su nombre. Así empezaron a construir la TORRE DE BABEL.

Animándose unos a otros y trabajando todos en equipo, la torre empezó a crecer y ya casi llegaba al CIELO, pero los hombres no se daban por satisfechos, pues querían que fuese como si la hubiera construido el propio Dios.

Dios quiso escarmentar el ORGULLO insano de aquellos hombres; entonces creó las distintas lenguas y cada familia empezó a hablar un IDIOMA distinto, así que los hombres dejaron de entenderse entre sí.

Nunca pudieron terminar la torre de Babel. Desde ese día, las familias se dispersaron y poblaron toda la Tierra, fundando distintas ciudades, creando nuevas naciones y hablando diferentes LENGUAS.

Abraham y Sara

De los hijos de los hijos de Noé nació ABRAHAM, un hombre honrado y trabajador. Junto a su mujer Sara emprendió un largo viaje hasta Canaán porque había recibido un MENSAJE de Dios: la promesa divina de que de ellos nacería un HIJO, destinado a ser el primero de un PUEBLO NUEVO en una nueva tierra.

Cuando ya eran muy ancianos, el Señor cumplió por fin su promesa y tuvieron a su hijo ISAAC. ¡La alegría de sus padres fue inmensa!

El sacrificio de Isaac

Era costumbre que los hombres sacrificasen animales en señal de adoración a Dios. Para comprobar que su FE era verdadera, el Señor le pidió a Abraham que SACRIFICASE a su propio HIJO.

Cuando Abraham conoció los deseos de Dios, se puso muy triste pero no lo dudó: estaba dispuesto a obedecer los mandatos del Señor.

Afortunadamente, no hizo falta: viendo la decisión con que Abraham estaba dispuesto a sacrificar a su hijo, precisamente lo que más quería y durante tanto tiempo había deseado, Dios le PERDONÓ el sacrificio y permitió que su hijo Isaac siguiera vivo.

De esta manera, el hijo de Sara y Abraham creció destinado a ser el PRIMERO de un pueblo muy numeroso.

Esaú y Jacob

Cuando Isaac fue mayor se casó con REBECA, una mujer prudente y generosa, que había nacido en el lugar de origen de su padre Abraham, la región de MESOPOTAMIA.

De su unión nacieron dos gemelos. Al mayor lo llamaron Esaú y al pequeño, que nació solo un poco después, le pusieron Jacob.

Durante su infancia los niños vivieron tranquilos y en PAZ. Se notaba, sin embargo, que Rebeca quería mucho a Jacob, mientras que Isaac demostraba cierta inclinación por Esaú, a quien, aun siendo todavía muy joven, le prometió toda su herencia.

Esas diferencias no PRESAGIABAN nada bueno.

El engaño a Isaac

Un día, temeroso de quedarse sin nada y ayudado por su madre, Jacob SE HIZO PASAR por Esaú ante Isaac, que por entonces era un anciano y había perdido la vista.

El viejo Isaac dio a Jacob todos sus BIENES, pero cuando el padre por fin descubrió el engaño, ya era tarde: un hombre justo como él no podía cambiar su bendición.

Por eso, cuando Esaú vio que lo había perdido todo, se enfadó tanto con Jacob y lo amenazó de tal manera, que este tuvo que dejar su casa y sus tierras, y HUIR de Canaán solo y asustado.

El sueño de Jacob

Siguiendo el consejo de su madre, Jacob salió precipitadamente hacia el pueblo de Mesopotamia, donde debería vivir al cuidado de su tío. Triste por todo el daño que había causado, Jacob soñó una noche que ante él se levantaba una ESCALERA mágica que llegaba hasta el cielo, por la que subían y bajaban docenas de ÁNGELES.

Además escuchó la voz de Dios diciéndole que confiara en Él, porque le había elegido para ser el padre de una GRAN NACIÓN.

Cuando llegó a casa de su tío, el joven trabajó sin descanso y se casó con sus dos hijas, LÍA y RAQUEL, siguiendo las costumbres de aquellas tierras. No dejó de añorar a su familia, hasta que un día decidió volver a Canaán.

Reencuentro con Esaú

Jacob había dejado Canaán pobre y solitario, y regresaba bien acompañado y rodeado de cuanto había conseguido con su trabajo, pero aunque ya no quería nada de su hermano, las DUDAS asaltaban sus pensamientos: ¿Le PERDONARÍA Esaú? ¿Lo QUERRÍA su padre Isaac todavía?

Cuando la caravana de Jacob llegó a las tierras de su familia, él se adelantó para correr a pedir PERDÓN. Su hermano Esaú siempre había sido bueno y lo perdonó dejando el pasado atrás.

Nadie le guardaba RENCOR, así que todos lo recibieron con los brazos abiertos.

Ambas familias vivieron en Canaán hasta que, tras un tiempo, Esaú decidió marcharse.

José presume de túnica

Dios cambió el nombre de Jacob por el de Israel, cabeza del pueblo hebreo. De todos los hijos que tenía Israel con Raquel, su preferido era José, al que hizo un regalo especial: una TÚNICA bordada de colores.

Al ver que el padre lo amaba más, sus hermanos empezaron a sentir ENVIDIA de él y, cuando todavía era un muchacho, lo vendieron a un comerciante de esclavos que lo llevó a EGIPTO.

Allí lo compró un eunuco llamado PUTIFAR, que era el capitán de la guardia del faraón.

Al poco tiempo de trabajar para él, Putifar se dio cuenta de la buena disposición de José, empezó a apreciarlo y lo nombró MAYORDOMO de su casa. Como Dios protegía a José, hizo que las ganancias de Putifar se DUPLICARAN y con ellas el cariño de su amo hacia él.

José y el sueño del faraón

Un día el faraón conoció la rara y curiosa habilidad de José para interpretar los sueños y lo mandó llamar para contarle uno que lo atormentaba. José explicó que era Dios quien guiaba sus palabras y reveló lo que el sueño quería decir: el mensaje es que llegarían a Egipto siete años de ABUNDANCIA y después se sucederían siete años de HAMBRE.

El faraón confió en el anuncio de José, que demostraba en cada palabra una FE inquebrantable en Dios. Por eso le hizo gobernador y, siguiendo su consejo, durante SIETE años guardó alimentos suficientes para repartirlos cuando llegaran los años del hambre.

Y así ocurrió, tal como había anunciado José: tras siete años de abundancia y riqueza, el hambre, la escasez y la miseria azotaron Egipto.

Los hermanos de José llegan a Egipto

El faraón estaba preparado y en Egipto había alimento de sobra, pero no ocurrió lo mismo en CANAÁN, donde vivía la familia de José.

Por eso diez de sus once hermanos emprendieron el viaje a Egipto, donde habían oído que se podía comprar comida.

Al llegar a Egipto y solicitar ALIMENTO a cambio de otras riquezas, los recibió José, ya convertido en gobernador. Cuando contaron su historia, José los reconoció, pero ninguno de ellos comprendió que aquél era su hermano, hijo de Raquel, al que habían vendido de niño.

Pero José era bueno de corazón y viendo la NECESIDAD de alimentos que tenían sus hermanos y sus familias, les dio todo lo necesario y los envió de vuelta a Canaán, junto a su padre, con la condición de regresar a Egipto, esta vez trayendo también al hermano más pequeño, BENJAMÍN.

El abrazo de José y sus hermanos

Cuando regresaron, y después de comprobar que estaban arrepentidos, José les reveló quién era y los hermanos se abrazaron.

José los envió de nuevo a Canaán en busca de su padre y demás parientes. Cuando ISRAEL pudo por fin abrazar a su hijo más querido, se sintió muy feliz y se quedó a vivir con él hasta sus últimos días.

Cuando se sintió próximo a la muerte, Israel mandó venir a sus hijos y les dijo su TESTAMENTO, nombrándoles a todos como las DOCE TRIBUS DE ISRAEL que después se multiplicarían por el mundo. José le prometió que lo devolvería a su tierra y no lo enterraría en Egipto.

Así se hizo y José vivió en EGIPTO y allí murió habiendo conocido hasta la tercera generación de sus descendientes.

La piedad de las parteras

El pueblo de ISRAEL, hombres y mujeres hebreos, se había establecido en Egipto, donde vivía en paz y conocía la prosperidad.

Pero el nuevo FARAÓN, egoísta y cruel, temía que los hebreos se hicieran demasiado poderosos en su tierra, y para acabar con ellos mandó matar a sus hijos recién nacidos. Así se aseguraba de que los hijos de Israel nunca llegarían a ser un pueblo más numeroso que el suyo.

Obligó a las PARTERAS, Séfora y Fúa, a que mataran a todos los hijos varones israelitas que nacieran y dejaran con vida a las niñas.

Pero las parteras eran temerosas de Dios y, apiadándose de las CRIATURAS y de sus madres, dejaron con vida a los varones recién nacidos.

Cuando el faraón vio que los israelitas seguían MULTIPLICÁNDOSE de igual modo, dio una terrible orden a todo su pueblo: «Los hijos varones serán arrojados al río NILO nada más nacer».

Moisés y la hija del faraón

Una madre, PREOCUPADA por la suerte que iba a correr su bebé recién nacido, prefirió abandonarlo en el RÍO con la esperanza de que algún egipcio se hiciera cargo de él. Así, metió al pequeño en una CUNA de juncos y dejó que la corriente lo llevara río abajo.

Aquel día, cuando la HIJA DEL FARAÓN bajó a bañarse al río, encontró la cesta y sacó al niño. Enseguida comprendió que debía ser un bebé israelita, pero aun así, mandó que lo criasen y lo llamó MOISÉS.

Cuando creció, lo ADOPTÓ como hijo propio. Pero poco tiempo después el faraón descubrió que Moisés tenía por costumbre ayudar a los israelitas contra los egipcios y quiso deshacerse de él. Moisés tuvo que HUIR.

Moisés y la zarza en llamas

Fuera de Egipto, MOISÉS fundó su propia familia y vivió como pastor, hasta que un día supo que había muerto el faraón.

Entonces Dios se le presentó en forma de ZARZA ARDIENDO y le encargó sacar al pueblo de Israel de Egipto y llevarlo a una nueva TIERRA PROMETIDA.

Moisés y Aarón ante el faraón

Moisés no confiaba demasiado en su propio poder. Por eso le pidió a Dios AYUDA, y este se la dio. Le concedió el poder de hacer PRODIGIOS y le envió a Aarón, un hombre con don de gentes dispuesto a repetir las palabras de Moisés, que eran las palabras de Dios.

Decidido, Moisés y su familia regresaron a Egipto, donde gracias a Aarón, convencieron al pueblo de Israel para que les siguieran hacia la TIERRA PROMETIDA.

Hablaron con el nuevo FARAÓN para pedirle que les dejase marchar, pero este se lo PROHIBIÓ porque quería que los israelitas siguieran trabajando como esclavos para los egipcios.

Las plagas de Egipto

Dios se ENFADÓ mucho con el faraón y quiso castigar su SOBERBIA enviándole una plaga tras otra: se estropearon cosechas, murieron peces, los hombres enfermaron... Tras cada una de ellas, el faraón prometía a Moisés que dejaría salir de Egipto al pueblo de Israel, pero nunca cumplía su PROMESA.

Así que siguieron las plagas enviadas por Dios, y de todos aquellos DESASTRES, uno tras otro, solo se salvaban los hijos del pueblo de Israel, a quienes Dios protegía.

El faraón seguía mostrándose ORGULLOSO, a pesar del daño que caía sobre su pueblo. Por eso la DÉCIMA PLAGA fue la más terrible: amanecieron muertos los hijos mayores de todos los egipcios.

En cambio no los de los ISRAELITAS, porque Dios mandó que esa noche cada familia sacrificara un cordero en su honor y manchara con su sangre el dintel de su puerta, una señal para que la muerte pasara de largo. Esta costumbre permanece todavía entre los cristianos, y es la PASCUA.

El Éxodo

El faraón, viendo la desgracia que había sucedido en todas las casas, incluida la suya, habló a Moisés y Aarón diciéndoles que marcharan con todo su pueblo y su ganado libremente para dar culto a su Dios.

El corazón del faraón se había ablandado y lo que no consiguieron los muchos PRODIGIOS del Señor, lo consiguió el dolor de haber perdido a su hijo y heredero.

Así, unos seiscientos mil israelitas partieron a pie de Egipto con sus familias y su ganado, después de haber pasado cuatrocientos treinta años en Egipto.

Moisés guió a su pueblo por el desierto hasta el MAR ROJO y llevó consigo los restos de José. Dios los guiaba de día con una nube que de noche se transformaba en fuego para no perderse, hasta que llegaron a las ORILLAS DEL MAR.

Se abren las aguas

Atravesando el desierto, los israelitas llegaron por fin a las orillas del MAR ROJO. Por entonces, el faraón les perseguía con su ejército: quería acorralarlos y hacerlos prisioneros.

Pero Dios habló a MOISÉS y le aseguró que, extendiendo su MANO sobre el mar y manteniendo el bastón en alto, se abrirían las aguas del mar en dos dejando pasar al pueblo a pie sin PELIGRO.

Moisés obedeció al Señor y en cuanto extendió su mano, un fuerte viento desplazó las AGUAS y las dividió, dejando un camino de tierra seca entre ellas por el que podían cruzar caminando.

Los israelitas cruzaron teniendo a cada lado dos murallas de agua de mar que de forma PRODIGIOSA quedaban contenidas.

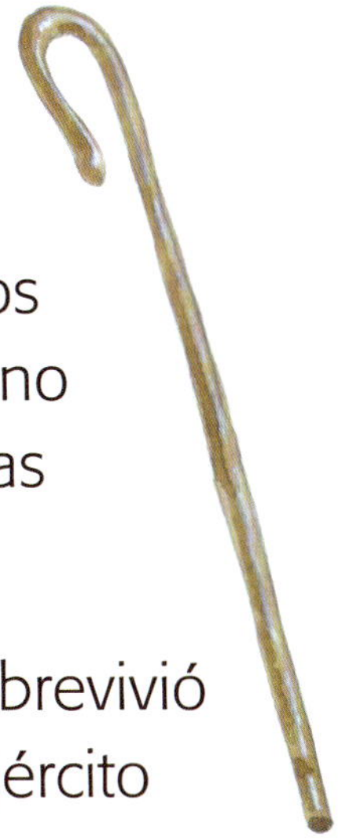

Cuando el pueblo hebreo terminó de cruzar, los soldados egipcios se lanzaron en su PERSECUCIÓN, pero Moisés volvió a alzar su mano y entonces las aguas se cerraron estrepitosamente llevando hasta las profundidades carros, caballos y hombres.

De este modo, el EJÉRCITO EGIPCIO pereció AHOGADO y no sobrevivió ni siquiera uno solo de ellos. Así acabó Dios con aquel poderoso ejército que era contrario a su FE.

Los israelitas estaban a salvo de la PERSECUCIÓN, pero el desierto que se abría ante ellos anunciaba muchos días de hambre y de sed.

Los Diez Mandamientos

Continuando su camino llegaron al DESIERTO DE SINAÍ, frente al Monte del mismo nombre, donde Dios llamó a Moisés. Allí le dictó los DIEZ MANDAMIENTOS de la Ley de Dios:

Amarás a Dios sobre todas las cosas.

No tomarás el nombre de Dios en vano.

Santificarás las fiestas.

Honrarás a tu padre y a tu madre.

No matarás.

No cometerás actos impuros.

No robarás.

No dirás falsos testimonios
ni mentirás.

No consentirás pensamientos
ni deseos impuros.

No desearás los bienes ajenos.

El primer templo para adorar a Dios

Moisés se encargó de explicar el significado de aquellas palabras a su pueblo: lo más importante era amar a Dios y amar al resto de la gente tanto como a uno mismo.

Para celebrar la GENEROSIDAD de Dios, los israelitas construyeron el primer TEMPLO en forma de tienda, que pudieran trasladar cuando siguieran el camino, así como un ARCA DE MADERA para realizar ofrendas en su honor.

Aarón se convirtió en sumo SACERDOTE y junto a Moisés enseñaron a los israelitas cómo debían comportarse y rezar en la nueva CASA DE DIOS.

Llegada a Canaán

Pero el viaje del ÉXODO no había terminado. Habían pasado demasiado tiempo asentados y debían seguir camino hacia la TIERRA PROMETIDA, guiados por las señales de Dios.

Cerca de las proximidades de Canaán, MOISÉS mandó a DOCE hombres a explorar esa tierra antes de que llegaran todos los demás, para saber si sus habitantes eran muy NUMEROSOS y si estaban bien ARMADOS o no, porque no sabía cómo iban a recibir a los israelitas.

Los exploradores obedecieron sus órdenes y DIEZ de ellos regresaron diciendo que aquella tierra era YERMA, sin cultivos ni riqueza, y no merecía la pena luchar por su conquista.

El enfado de los israelitas

Los diez hombres enviados mintieron porque no querían luchar contra aquellos habitantes de apariencia tan poderosa. Solo dos, JOSUÉ y CALEB, contaron la verdad a Moisés: que aquel pueblo poseía gran RIQUEZA, abundancia de alimentos y mucha belleza, pero que sus ciudades estaban fuertemente fortificadas con murallas tan altas y bien guardadas que ni siquiera un PODEROSO ejército podría asaltarlas.

El resto de los israelitas, atemorizados, se levantaron contra Moisés, Aarón, Josué y Caleb. ¡Si no podían CONQUISTAR aquella tierra prometida, habría sido mejor quedarse en EGIPTO!

Así CASTIGÓ Dios al pueblo de Israel a vivir durante cuarenta años en el desierto, errante, sobreviviendo sin tener una casa, por haber DESCONFIADO de su palabra y no haber seguido sus instrucciones.

El sucesor de Moisés

Durante esos años de castigo, Dios mandó a Moisés volver a labrar dos TABLAS de piedra y también una nueva ARCA DE MADERA. El Señor escribió los MANDAMIENTOS que había dado a los hombres y Moisés guardó las Tablas de la Ley en el arca, cumpliéndose de ese modo por fin la palabra de Dios.

Los israelitas vagaron por el desierto, pero ahora escuchaban la PALABRA DE DIOS que Moisés les transmitía, respetaron todas las normas que el Señor les había dado y aprendieron a cumplir su pacto con Él mientras esperaban el momento de entrar en la TIERRA PROMETIDA.

En aquel largo tiempo murieron AARÓN y MOISÉS, y Dios eligió a JOSUÉ como el encargado de guiar a los israelitas hacia la tierra prometida por Él.

Las murallas de Jericó

Por orden de Dios, JOSUÉ mandó al pueblo cruzar el RÍO JORDÁN, que partió sus aguas para dejarle pasar, como años antes ocurrió el mismo prodigio en el MAR ROJO, y acamparon en la llanura de Jericó.

Josué ordenó a los sacerdotes que llevaran el ARCA DE LA ALIANZA y que siete de ellos portaran otras siete trompetas que irían sonando delante del Arca. Dieron una vuelta completa a las MURALLAS DE JERICÓ de este modo, y después regresaron a dormir a su campamento.

Todo esto lo repitieron durante seis días y seis noches, y el SÉPTIMO día dieron siete vueltas a la ciudad de Jericó con el clamor de las trompetas y entonces el muro se derrumbó y el PUEBLO DE ISRAEL pudo entrar y CONQUISTAR la ciudad.

Los madianitas destruyen las cosechas

Mientras vivió Josué, los israelitas vivieron en PAZ en la tierra de Canaán, pero al morir, poco a poco el pueblo comenzó a olvidar la palabra de Dios, de nuevo cayeron en el PECADO e irritaron al Señor.

Entonces Dios los castigó a sufrir la PERSECUCIÓN del pueblo de MADIÁN y sus habitantes, los madianitas, durante siete largos años. Cada vez que los israelitas sembraban el campo, los madianitas montaban en los camellos y destrozaban todo lo cultivado. De este modo el pueblo de Israel vio su tierra devastada y se quedó sin nada con lo que alimentarse.

Gedeón vence a los madianitas

Humillados y ARREPENTIDOS, los israelitas pidieron la ayuda de Dios, que eligió como hombre de confianza al granjero GEDEÓN.

Siguiendo las instrucciones de un ángel enviado por Dios, Gedeón reunió 300 guerreros del pueblo y les dijo que siguieran sus órdenes.

Una noche, mientras el pueblo MADIANITA dormía, Gedeón y sus hombres rodearon el campamento enemigo armados con trompetas y ANTORCHAS ardientes. Con una señal, Gedeón les indicó que tocaran las trompetas y levantaran las antorchas hasta que los madianitas se despertaron asustados y HUYERON para siempre.

Después de esa VICTORIA, pasaron cuarenta años de paz bajo el gobierno de Gedeón, que fue nombrado JUEZ. Gedeón tuvo muchas mujeres y dejó tras su muerte setenta hijos.

Sansón lucha con el león

Llegó el día en que otro pueblo, el de los vecinos filisteos, dominó de nuevo a los israelitas, CASTIGADOS durante cuarenta años por haberse alejado de la Ley de Dios.

Cuando se acercaba el momento del PERDÓN, Dios envió un bebé muy especial. Se llamaba SANSÓN y, desde antes de su nacimiento, un ángel anunció a sus padres que era un ELEGIDO DEL CIELO.

Como demostración de la FUERZA y valor que Dios había regalado a Sansón, cierto día, siendo un muchacho, lo enfrentó a un FIERO LEÓN. El espíritu del Señor estaba con él y, tras una pelea, Sansón DERROTÓ al animal.

Sansón derrumba las columnas

Durante años Sansón fue JUEZ de Israel hasta que, tiempo después, se casó con la bella DALILA, una joven a quien los filisteos forzaron para que lo traicionase y les entregase a su marido.

Ella, con engaños, descubrió la fuente del poder y de la fuerza de Sansón, su larga melena, y le cortó el pelo. Los filisteos, entonces, lo encerraron en un edificio para mofarse de él. Sansón suplicó a Dios que le devolviera su FUERZA para atacar al enemigo.

Dios escuchó a Sansón y le dio fuerza para EMPUJAR las columnas, haciendo que todo el edificio se DESPLOMARA, sepultando a cuantos estaban dentro, incluido el propio Sansón.

Rut trabaja en la cosecha

Se sucedían los jueces que gobernaban Israel. Durante este tiempo, en una ocasión, hubo una época de hambre y muchos de sus habitantes tuvieron que marcharse a países extranjeros. Ese fue el caso de un hombre llamado ELIMÉLEC, su mujer, NOEMÍ, y sus dos hijos, que tuvieron que establecerse en los campos de Moab.

Allí los hijos se casaron con dos mujeres moabitas, ORFA y RUT. Pero sucedió que Elimélec y sus hijos murieron y la viuda Noemí dejó libres a sus nueras para REGRESAR con sus padres. Orfa se marchó, pero Rut se quedó con Noemí y las dos juntas regresaron a la ciudad de BELÉN, justo en el momento en que se recogía la COSECHA.

BOOZ, un pariente de Noemí, era el amo de los campos en que Rut recogía el trigo. Cuando el hombre vio la buena voluntad y la disposición de la forastera, la dejó trabajar como uno más de sus SEGADORES.

Al saber de su parentesco, Noemí le explicó a Rut cómo debía comportarse y actuar ante Booz. En aquellos tiempos era costumbre que los parientes más poderosos se ocuparan de las viudas de sus familiares y, viendo Booz lo buena y trabajadora que era Rut, se casó con ella y fundaron una familia: fueron los bisabuelos del GRAN REY DAVID.

Ana lleva a Samuel ante Helí

En tiempos de paz, una mujer llamada ANA rezaba a Dios para que le diera un hijo. Cuando le fue concedido su deseo y nació el pequeño Samuel, la mujer, agradecida, se lo entregó al SACERDOTE HELÍ para que lo criara y le enseñase a amar a Dios mientras el pequeño le servía en su casa.

Siendo todavía un muchacho, Dios llamó a SAMUEL y le hizo su profeta. Durante años los israelitas aceptaron la palabra de Samuel porque sabían que repetía la voz de Dios.

Así, tras luchar y vencer de nuevo a los FILISTEOS, y recobrar el ARCA del Señor donde siempre habían guardado las tablas de los DIEZ MANDAMIENTOS, Samuel fue nombrado juez.

Samuel con Saúl

Pero el profeta SAMUEL envejecía y su pueblo quería un NUEVO REY. Él mismo intentó convencerles de que no era necesario, que Dios le había hablado y advertido de que ese rey deseado abusaría de su pueblo quitándoles cuanto consiguieran.

Pero para satisfacer al pueblo y con la ayuda de Dios, Samuel buscó entre las TRIBUS DE ISRAEL hasta que encontró a SAÚL. Lo eligió y convocó a su pueblo para mostrárselo, el cual quedó muy satisfecho. Samuel, entonces, escribió las leyes de la MONARQUÍA.

Y así quedó Saúl designado como el primer REY DE ISRAEL.

David y Goliat

Durante el reinado de Saúl hubo años de guerras y hazañas, de pérdidas y victorias.

Un tiempo después, Saúl se volvió ORGULLOSO y desobedecía las órdenes de Dios. Entonces, Samuel recibió la orden del cielo de buscar al joven DAVID, un pastorcillo nieto del hijo de Rut y Booz, para anunciarle que sería el próximo rey de Israel.

Por entonces el rey Saúl entró de nuevo en guerra con los filisteos. El joven David pudo demostrar su valentía y su fe en Dios ofreciéndose a luchar contra GOLIAT, un enemigo GIGANTE y muy bien armado al que, para asombro de todos, derribó lanzándole una piedra con su pequeña HONDA.

Tras aquella victoria, el hijo de Saúl, el príncipe JONATÁS, se hizo amigo inseparable de David y lo invitaron a formar parte de su ejército, además de ofrecerle riquezas.

David es proclamado rey

Saúl empezó a sentir CELOS de que el pueblo amara más a David que a él que era el rey, y entonces David decidió huir y esconderse.

Varias veces tuvo David la ocasión de sorprender y atacar sigilosamente al rey Saúl, pero siempre respetó su vida, siendo fiel a su amigo JONATÁS.

David y los hombres que por entonces le acompañaban y eran fieles, luchaban y vencían al enemigo. Entre tanto se produjo una terrible BATALLA entre israelitas y filisteos, que atacaron directamente a la familia de Saúl. Jonatás y sus hermanos murieron y Saúl también fue herido de muerte.

Solo entonces decidió David regresar a su pueblo donde, para alegría de todo el mundo, fue nombrado el NUEVO REY.

La construcción del templo

Durante el reinado de David, el pueblo de Israel conoció casi siempre la PROSPERIDAD y la victoria.

Siendo ya mayor, rodeado de hijos y cubierto de riquezas, quiso construir un gran TEMPLO en el que glorificar a Dios. Para ello reunió piedra y madera; hierro y bronce; oro, plata..., para ofrecerle lo mejor.

Pero desde el principio Dios le avisó que sería su hijo quien construiría el famoso templo. Y así fue.

David bendijo a su hijo SALOMÓN, siendo todavía joven, y le nombró su SUCESOR.

Salomón ante el templo ya terminado

Salomón afianzó su TRONO y se casó con la hija del faraón de Egipto, pero siempre siguió los preceptos de David y las leyes de Dios. Por eso un día el Señor le ofreció un don como regalo: le convirtió en un hombre extraordinariamente SABIO que gobernó siendo justo y honrado.

Cuando llevaba cuatro años reinando, Salomón decidió construir el maravilloso TEMPLO que su padre, el rey David, había prometido a Dios.

Los israelitas trabajaron sin descanso durante ONCE años para levantarlo desde los cimientos hasta los últimos detalles, utilizando todo lo que había reunido David y guardado Salomón. Y así, con la ayuda de los mejores artesanos que él mismo mandó llamar, construyeron un lugar muy especial en el que REZAR y acercarse a Dios.

Ajab adorando a Baal

El rey Salomón había muerto hacía muchos años y su gran reino se había dividido en dos. Así, los hijos del pueblo de Israel tenían dos reyes; en el sur gobernaba ASA, un descendiente del buen David, pero en el norte mandaba AJAB, que era un hombre malvado que despreciaba a quienes seguían creyendo en Dios, porque él adoraba a BAAL, un falso dios para el que habían construido un templo.

ELÍAS, el nuevo profeta, advirtió a Ajab que no debía seguir ADORANDO a su falso ídolo, porque este no iba a traerle la LLUVIA. Dios había advertido a Elías que habría sequía hasta que todos creyeran en su palabra. Y así fue.

Sequía en los campos

Pasaron días, semanas, meses... Todo el año hizo sol. Se SECARON los arroyos de los que bebía el pueblo y las cosechas se echaron a perder por falta de riego.

Todos, hombres y animales, pasaron HAMBRE y SED, excepto ELÍAS, que siguiendo las indicaciones de Dios había continuado su camino.

Un día Elías encontró a una mujer y su hijo. Eran pobres, pero Elías estaba desfallecido y les pidió ALIMENTO. La mujer cedió, a pesar de que con ello le regalaba la comida que guardaba para su hijo.

Elías la tranquilizó: «Eres GENEROSA y Dios ha dicho que no pasaremos hambre hasta que vuelva a llover. Con tu harina y tu aceite haremos pan y nos durará hasta entonces».

Ajab y la pira encendida

Pero Dios le dijo a Elías que regresara a su pueblo para convencer a AJAB y a su gente de que el suyo era el único Dios. Y así lo hizo.

En el Monte Carmelo, Elías se reunió con Ajab y sus sacerdotes. Ya no sabía cómo demostrarles que él tenía razón y adoraba al DIOS VERDADERO, así que por fin les propuso un reto: por un lado, los seguidores de BAAL levantarían una pira de piedras con leña y CARNE encima. En un lugar separado, Elías haría lo mismo que ellos. Además derramó agua sobre la leña. Con ello quería demostrarles que su Dios era capaz de hacer ARDER la leña para que se asara la carne.

Todos rieron y se burlaron de él, pero se pusieron a REZAR a su ídolo, y no ocurrió nada. Sin embargo, cuando Elías rezó a Dios, la leña mojada de su pila ardió fuertemente y la carne se asó. Naturalmente, todos se convencieron de que el suyo era el Dios VERDADERO.

Naamán ante la casa de Eliseo

Elías encontró a un muchacho hebreo que araba el campo con sus bueyes. Cuando el joven ELISEO lo vio, no hicieron falta palabras: lo dejó todo para seguirle y aprender de Elías, porque era un fiel creyente.

Cuando Elías murió, Eliseo le sucedió convirtiéndose en el NUEVO PROFETA elegido de Dios. Eliseo viajó por la tierra de Israel predicando el bien y haciendo MILAGROS, guiado siempre por la mano de Dios.

Así transcurría la vida de Eliseo cuando por entonces NAAMÁN, un valiente general del ejército enemigo, contrajo una terrible enfermedad llamada LEPRA. Nadie sabía curarla y estaba condenado a morir.

El general Naamán había oído hablar de Eliseo y, deseoso de curarse, salió en busca de su sabiduría.

Cuando por fin encontró la humilde morada del profeta, no pudo entrar. Salió una mujer a su encuentro llevándole un MENSAJE de Eliseo: «Báñate siete veces en el RÍO JORDÁN y tus heridas sanarán». Pero Naamán no entendía por qué no salía a recibirle y no le creyó.

Naamán se cura en las aguas del Jordán

Enfadado y ofendido, Naamán regresó a casa, lamentándose de haber hecho un viaje tan largo en balde.

Finalmente, Naamán se dejó convencer y se marchó al RÍO JORDÁN para cumplir con las instrucciones del profeta. Al salir del agua todos pudieron ver cómo su piel enferma de lepra se había transformado y estaba SANA.

Agradecido, Naamán fue a la casa de Eliseo y le ofreció corresponderle de algún modo con sus RIQUEZAS, pero este se negó. Sin embargo, un sirviente de Eliseo, GIEZI, vio la posibilidad de ganar dinero y siguió a Naamán. Cuando lo alcanzó, se presentó como un criado de Eliseo y le solicitó de su parte unas monedas de plata. Naturalmente, NAAMÁN se las entregó.

Después, Giezi regresó a casa de Eliseo y escondió su BOTÍN. Pero Giezi no sabía que Dios le iba a imponer un duro CASTIGO por su codicia y engaño: sufrir la terrible lepra al igual que Naamán.

Tras estos sucesos, Eliseo siguió viviendo humildemente y haciendo el bien entre el pueblo, mientras en Israel se iban sucediendo distintos reyes.

Asedio de Jerusalén

Uno de esos reyes fue EZEQUÍAS, que era firme seguidor de la Palabra de Dios. Cuando el rey asirio SENAQUERIB le declaró la guerra, Ezequías se negó a luchar y le entregó todas las RIQUEZAS que tenía a cambio de comprar la paz. Pero Senaquerib TRAICIONÓ su palabra, se quedó con el tesoro y en lugar de retirarse, envió a su ejército a Jerusalén para conquistar todo Israel.

Ezequías, que seguía sin querer luchar, cerró las puertas y los habitantes no podían salir ante el PELIGRO ASIRIO, ni tampoco dejaban entrar a nadie. Así, el pueblo empezó a pasar hambre y sed en un terrible asedio.

Además, Ezequías fue en busca del NUEVO PROFETA, ISAÍAS, que dijo que el enemigo abandonaría la lucha y se alejaría de Jerusalén.

Así fue: sin que el ejército luchara, un ÁNGEL DE DIOS se presentó de noche en el campamento asirio matando a todos los soldados. Al día siguiente SENAQUERIB lo vio y se marchó con sus hombres para siempre.

Daniel y los leones

Al rey Ezequías le sucedieron varios reyes IMPÍOS, por lo que Dios les castigó y les envió al rey NABUCODONOSOR a hacer la guerra.

Cuando terminó, DANIEL, un muchacho protegido por Dios, entró al servicio de Nabucodonosor y el Señor le otorgó el poder de la VIDENCIA.

Una noche, Nabucodonosor tuvo un SUEÑO inquietante y le consultó a Daniel. Con su poder visionario, Daniel interpretó su significado y el rey, en agradecimiento a ello, lo colmó de honores.

A Nabucodonosor le sucedió su hijo BALTASAR, un rey soberbio y orgulloso que murió pronto. Entonces, le sucedió DARÍO, que nombró gobernador a Daniel. Celosos por el poder que Darío daba a Daniel, los SÁTRAPAS urdieron un plan para desacreditarlo, de manera que Daniel fue condenado a muerte en el foso de los LEONES.

Dios, que siempre estaba a su lado, lo protegió cerrando las bocas de los leones, que después de toda una noche sin comer no le hicieron daño alguno y así Daniel consiguió salir SANO y SALVO.

Jonás y la ballena

Durante años, Dios envió profetas a las tierras enemigas del pueblo de Israel. NÍNIVE era una próspera ciudad que despreciaba la Palabra de Dios. Allí vivía JONÁS, un israelita sencillo, al que Dios eligió como profeta. Lo envió a Nínive a predicar, pero Jonás, temeroso, huyó en un velero en dirección contraria porque no se sentía capaz de servirle.

El Señor envió una TORMENTA sobre el barco en el que viajaba Jonás y, viendo que era la ira del cielo por no haber obedecido a Dios, pidió a los marineros que lo arrojaran al mar. Justo entonces amainó la tormenta y en ese momento una BALLENA pasó por allí y se lo tragó.

Durante tres días y tres noches Jonás tuvo que permanecer en el interior del animal y suplicó a Dios que lo PERDONASE, reconociendo sus ERRORES, cuando de pronto el enorme animal lo DEVOLVIÓ a una playa.

Después de aquello, Jonás regresó a Nínive y anunció que en cuarenta días la ciudad sería DESTRUIDA. El anuncio asustó tanto a todos, que se pusieron a hacer penitencia, suplicando con sus actos el PERDÓN de Dios.

Dios habla a Isaías

Muchos grandes profetas fueron enviados por Dios a la Tierra para hablar con los hombres y transmitir un mensaje de esperanza. Uno de ellos, MIQUEAS, profetizó que el MESÍAS que salvaría a los hombres estaba llamado a nacer en la ciudad de Belén.

El profeta ZACARÍAS también recibió la Palabra de Dios por medio de la aparición de un ángel. Pero el profeta más grande de todos los tiempos fue ISAÍAS, elegido por Dios para llevar las buenas noticias de esperanza a todos los hombres.

Él proclamó que el Mesías sería un descendiente de la casa de David que reinaría sobre Judá. Nacería de una mujer virgen y sería Dios entre los hombres.

Al final sus vaticinios se recogieron en el libro de la BIBLIA que lleva su nombre y que es el anuncio del nacimiento y del sacrificio del Hijo de Dios para la salvación de todos los hombres.

Nuevo Testamento

El arcángel Gabriel se presenta a María

Siendo HERODES rey de Judea, había un sacerdote llamado ZACARÍAS, casado con Isabel y que no tenía hijos. Vivían bajo las ordenanzas de Dios y la falta de descendencia era su única tristeza, ya que Isabel era estéril y ambos eran mayores para tener hijos.

Un día que Zacarías estaba solo en el templo quemando incienso, se le apareció el arcángel GABRIEL y le anunció que sería padre de un niño llamado Juan.

Zacarías no le creyó y el arcángel lo castigó a ENMUDECER hasta que naciera su hijo.

Más tarde, Dios envió al arcángel Gabriel a una ciudad de Galilea llamada NAZARET a visitar a una muchacha virgen, de nombre MARÍA, que había sido desposada con JOSÉ, un carpintero descendiente de la casa de David.

El arcángel se presentó ante María y le dijo que concebiría un hijo por obra del ESPÍRITU SANTO al que llamaría JESÚS, y que sería llamado HIJO del ALTÍSIMO. Y para que le creyese, le contó cómo su prima Isabel, que era estéril, estaba embarazada de seis meses. La humilde y bondadosa María lo creyó.

Visita a Isabel

Después, el arcángel Gabriel visitó en sueños a JOSÉ y lo tranquilizó diciendo que el hijo de María era el hombre que Dios había enviado para SALVAR a los judíos de sus pecados.

María fue a Judea a visitar a Isabel y en cuanto entró en la casa y la saludó, el niño que Isabel llevaba en el vientre comenzó a moverse y la madre sintió sobre ella la presencia del ESPÍRITU SANTO.

María se quedó durante tres meses en casa de Isabel y luego regresó a su casa. Después, Isabel dio a luz a su hijo. Todos los familiares le llamaban Zacarías, como su padre. Pero Isabel decía que se llamaba JUAN.

Entonces preguntaron al padre y Zacarías, que seguía mudo, habló por primera vez y dijo: «Juan es su nombre».

Viaje a Belén

Solo unos meses después del nacimiento de Juan, nacería Jesús. Así que, con el embarazo muy avanzado, María y José tuvieron que ir desde NAZARET, el pueblo en que se habían establecido, hasta BELÉN, el pueblo de origen de la familia de José.

Iban allí porque el CÉSAR romano, gobernador de aquellas tierras, quería hacer un censo de todos los habitantes, y para eso debían empadronarse en sus pueblos de origen.

Días después, llegaron a Belén muy fatigados; José había tenido que caminar y María, a pesar de ir montada sobre el asno, sentía próximo el momento del parto, de manera que se pusieron a buscar un ALOJAMIENTO apropiado. Belén era una ciudad muy pequeña y en esos días muchas personas habían llegado, por lo que no quedaba ni una sola POSADA donde cobijarse.

Nacimiento del Hijo de Dios

Deambularon por la ciudad, hasta que MARÍA comenzó con los dolores de parto y finalmente José resolvió acomodarla en el único lugar que encontró: una pequeña gruta usada como establo que servía de refugio para los animales. Allí nació el Hijo de Dios al que llamaron JESÚS, tal y como había profetizado el arcángel Gabriel.

María lo envolvió entre pañales y José lo recostó sobre un PESEBRE cubierto de paja limpia y fresca. Estaban muy felices porque Dios les había dado el mejor regalo y ya eran la SAGRADA FAMILIA.

El ángel se aparece a los pastores

Cerca de allí, en el campo, un grupo de PASTORES vigilaba las ovejas de sus rebaños. Era de noche y ellos charlaban descansando en torno a la lumbre que habían encendido.

De pronto, se presentó ante ellos un ángel y les anunció que había nacido en un PESEBRE el Salvador de todos los hombres, CRISTO, el Hijo de Dios, y que fueran a adorarlo.

Los pastores marcharon a BELÉN y encontraron al Niño, como les había dicho el ángel. Entonces le ofrecieron los bienes que tenían.

Los Reyes Magos

Muy lejos de Belén, en ORIENTE, tres sabios, magos o astrónomos habían contemplado una extraña estrella en el cielo y enseguida supieron que ella les indicaría el lugar en el que iba a nacer el MESÍAS.

Cuando llegaron a Jerusalén, preguntaron a HERODES, el rey de la región, si él sabía dónde había nacido Cristo. Herodes era egoísta y se asustó mucho: ¡ese niño podía quitarle su poder! Por eso Herodes intentó utilizar a los tres Magos diciéndoles que a su vuelta le dijeran dónde se encontraba.

Siguiendo de nuevo a la estrella, los tres sabios llegaron hasta el lugar de Belén en que estaba la SAGRADA FAMILIA y enseguida se postraron ante el niño para adorarlo. Después le ofrecieron sus más preciados REGALOS, presentes que habían traído consigo desde el lejano Oriente: ORO para enriquecer al niño, INCIENSO para perfumarlo y MIRRA para protegerlo.

Los santos inocentes

Cuando iban a partir, los REYES MAGOS recibieron un mensaje del cielo que les advertía que no debían regresar al palacio de Herodes, así que marcharon a su país por otro camino. Porque Herodes, en realidad, lo que quería era hacer daño al Niño Jesús, terminar con Él y evitar que nadie excepto él gobernase sobre los judíos.

Mientras tanto, HERODES esperaba a los magos que no llegaban, y al saberse burlado por ellos, montó en cólera y tomó la decisión de acabar con la vida de Jesús de cualquier modo, solo para que aquel Niño del que decían que iba a ser el rey de todos los JUDÍOS, no le arrebatara el poder al hacerse mayor.

Para ello, dio una ORDEN terrible: matar a todos los niños menores de dos años que hubiera en Belén, asegurándose así de que Jesús estaría entre ellos.

Visita al templo

Por ello, cierto día un ángel advirtió a José del peligro de muerte que corría el pequeño Jesús si se quedaban en Belén y la SAGRADA FAMILIA huyó a Egipto hasta que murió Herodes y pudieron regresar.

Siendo Jesús todavía un bebé, José y María lo llevaron al templo de Jerusalén. Debían presentárselo a los SACERDOTES y ofrecérselo a Dios, junto con dos palomas, para cumplir el mandato de Moisés, como era costumbre entre los judíos cuando nacía el primer hijo varón.

Allí lo entregaron al siervo de Dios, SIMEÓN, y a ANA la profetisa que, cuando lo vieron y lo tuvieron en sus brazos, comprendieron que aquél era un niño muy especial: estaba tocado por el aliento de Dios.

Jesús con los doctores

Jesús tenía doce años cuando José y María visitaron el templo para celebrar la fiesta de la PASCUA JUDÍA.

Después de participar en los actos públicos, REZAR y adorar a Dios, José y María regresaban ya a Nazaret, junto con otros muchos israelitas, cuando descubrieron que el joven Jesús no les acompañaba en la caravana.

Durante tres días y tres noches José y María anduvieron de regreso a la ciudad buscando a su hijo, hasta que por fin lo encontraron: se había quedado todo ese tiempo en el templo, conversando, discutiendo y aprendiendo con los sabios DOCTORES de la IGLESIA.

Y cuando preguntaron a Jesús por qué no se había marchado con ellos de regreso a Nazaret siguiendo la caravana, José y María no entendieron bien su respuesta:

«Me preocupo por las cosas de mi Padre», dijo refiriéndose a su PADRE CELESTIAL.

Jesús y Juan el Bautista

Poco a poco, JESÚS se hizo mayor y creció en sabiduría sin salir de Nazaret. Tenía casi treinta años cuando fue en busca de JUAN, el hijo de Isabel y Zacarías, que había venido al mundo de una forma casi tan milagrosa como él.

Al joven Juan todos sus seguidores lo llamaban EL BAUTISTA. Se había retirado a vivir sin riquezas ni comodidades y llevaba años predicando la llegada del Hijo de Dios a la tierra. Bautizaba a los creyentes que lo seguían en las aguas del RÍO JORDÁN, para librarles así de sus PECADOS.

Un día, para su sorpresa, Jesús se presentó ante él pidiéndole que lo bautizase. Pero Juan, al principio, era incapaz de reaccionar. Solo quería arrodillarse ante él, pues lo había RECONOCIDO.

Sin embargo, Jesús por fin lo convenció y Juan lo bautizó como a uno más, sumergido en las aguas del río. Entonces se abrió el cielo, bajó de él el ESPÍRITU SANTO en forma de paloma y se posó sobre la cabeza de Jesús. Al mismo tiempo todos los allí reunidos pudieron escuchar las palabras divinas del propio Dios: «Este es mi hijo».

El demonio tienta a Jesús

Y así, lleno del Espíritu Santo y bendecido por Dios Padre, Jesús se retiró al desierto, donde pasó cuarenta días sin comer. Estaba allí solo, ayunando, REZANDO y meditando, cuando el DEMONIO se atrevió a presentarse ante Él con la intención de tentarlo tres veces.

La primera le dijo: «Si tú, Jesús, eres el Hijo de Dios, ¿por qué no conviertes una piedra en pan y dejas así de pasar HAMBRE?». Jesús le dio una respuesta firme: «Porque no solo de pan vive el hombre, sino de la PALABRA de Dios». Así que el demonio fracasó.

Pero se atrevió de nuevo y, trasladándose a lo más alto de la torre del templo de Jerusalén, le incitó así: «Si Dios te protege, ¿por qué no te lanzas al vacío desde aquí?». «Porque no debemos TENTAR a Dios», le contestó Jesús al demonio.

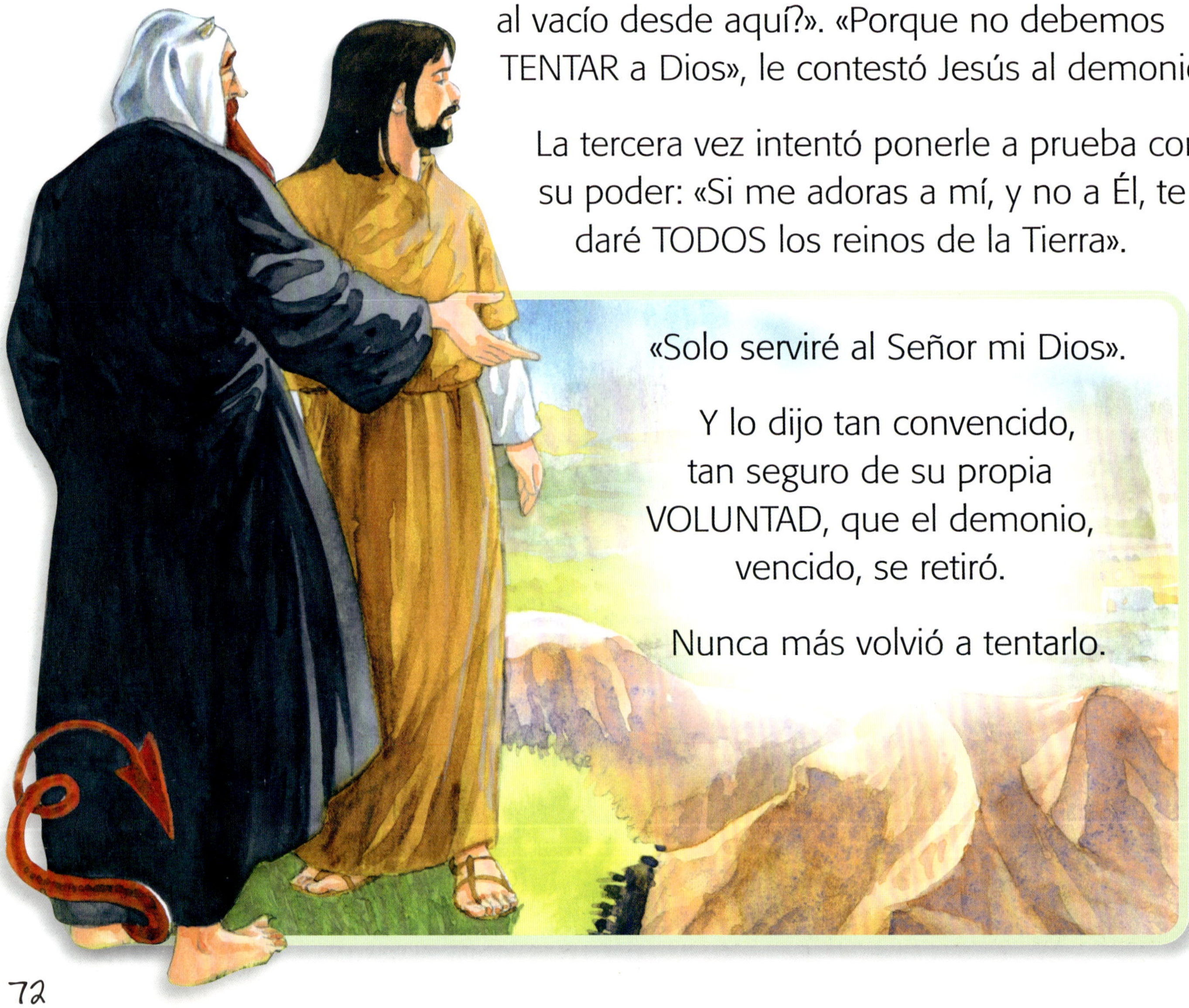

La tercera vez intentó ponerle a prueba con su poder: «Si me adoras a mí, y no a Él, te daré TODOS los reinos de la Tierra».

«Solo serviré al Señor mi Dios».

Y lo dijo tan convencido, tan seguro de su propia VOLUNTAD, que el demonio, vencido, se retiró.

Nunca más volvió a tentarlo.

Jesús predicando

Después de su BAUTISMO en las aguas del Jordán y tras su retiro en el desierto, Jesús empezó a predicar la Palabra de Dios en las sinagogas de GALILEA. Hablaba con tal sabiduría de los misterios de Dios, que todos le admiraban.

Muchos hombres buenos se paraban a escucharlo como habían escuchado a Juan el Bautista, porque la fe y el entusiasmo de Jesús eran contagiosos.

Pero al principio estaba SOLO. No había encontrado aún a sus más FIELES seguidores, porque muchos de los que le oían hablar se asustaban y otros se enfurecían porque no le creían y solo veían en Él al hijo de un carpintero.

Así, marchó fuera de su tierra, a CAFARNAÚN, a seguir predicando, ya que la ira de sus propios compatriotas le expulsaba de su ciudad.

Jesús recluta a Simón y a Andrés

Un día, caminando por la costa a orillas del mar de Galilea, Jesús encontró a dos hermanos pescadores que estaban faenando. Eran SIMÓN y ANDRÉS, que habían recogido ya sus redes y volvían a tierra porque no habían tenido mucho éxito en todo el día.

Cuando Jesús los vio, les prometió una pesca mejor. Y así, lanzando sus redes de nuevo al mar, estas se llenaron inmediatamente de PECES.

Con tal demostración de poder y de buena voluntad, los dos hermanos no lo dudaron cuando Jesús les dijo: «Seguidme, y vuestra pesca será más importante». Con ello, Jesús les estaba invitando a ser sus primeros APÓSTOLES.

Una de las cosas que Jesús hizo al poco de conocer a sus primeros Apóstoles fue cambiar el nombre de Simón. Lo llamó PEDRO, que quiere decir «piedra», porque sobre él se asentarían los pilares de su Iglesia. Pedro y Andrés dejaron la barca para seguirlo.

Todavía en la orilla, Jesús vio más pescadores entre los que encontró nuevos discípulos: llamó a otros dos hermanos, SANTIAGO y JUAN, que también faenaban en las mismas costas del mar de Galilea. Y cuando oyeron a Jesús, también lo siguieron.

Los MILAGROS de Jesús se repetían, para asombro de las gentes: ayudaba a los pobres, curaba a los enfermos..., y así eran cada vez más los que lo seguían. Y Jesús los amaba a todos.

Jesús recluta a Mateo

En cierta ocasión, Jesús llegó ante un hombre llamado MATEO, que era RECAUDADOR. Mateo era un hombre avaro al que solo le interesaba el dinero y sus riquezas y no había nada más que lo distrajera.

Comida con pecadores

Un día, Jesús y los CINCO APÓSTOLES celebraron una comida con invitados muy particulares: Jesús quiso sentar a su mesa a varios PECADORES. La explicación que dio a sus amigos fue que su misión consistía en buscar y aceptar la compañía de los DESCARRIADOS, para guiarles hacia el buen camino con la Palabra de Dios. Solo así conseguiría convertirles. La gente honrada no necesitaba de Él.

Después de esta primera lección de HUMILDAD, Jesús llamó a otros hombres, que lo acompañaron para ser también sus Apóstoles: FELIPE y BARTOLOMÉ; SANTIAGO el menor y su hermano TADEO; TOMÁS y SIMÓN y JUDAS ISCARIOTE. Así se reunieron los DOCE y definitivos APÓSTOLES, que fueron los mejores amigos de Jesús.

Pero Jesús, además de a sus doce Apóstoles, solía reunir mucha gente a su alrededor que le escuchaba y le creía, porque se mostraba GENEROSO y amigable con los DESVALIDOS.

Las Bienaventuranzas

Un día se subió a un monte y enseñó a los que allí se encontraban las ocho bienaventuranzas que le había dictado su padre celestial. Su misión: enseñar a los que sufren que encontrarán una vida mejor en el cielo.

«Bienaventurados los pobres de espíritu,
porque de ellos es el reino de los cielos».

«Bienaventurados los humildes, porque ellos poseerán la tierra».

«Bienaventurados los que lloran,
porque ellos serán consolados».

«Bienaventurados los que tienen hambre y
sed de justicia,
porque ellos serán saciados».

«Bienaventurados los misericordiosos,
porque ellos alcanzarán la misericordia».

«Bienaventurados los que tienen puro su corazón,
porque ellos verán a Dios».

«Bienaventurados los pacíficos,
porque ellos serán llamados hijos de Dios».

«Bienaventurados los perseguidos por la justicia,
porque de ellos será el reino del cielo».

Esta fue la primera gran enseñanza de Jesús que recibieron los seguidores de Dios Padre.

Bodas de Caná

Muy poco tiempo después de reunir a sus primeros discípulos, Jesús empezó a hacer MILAGROS y con ello demostraba que Dios estaba en Él y que esa era su forma de ayudar a los desamparados.

En una ocasión se estaban celebrando unas bodas en CANÁ de Galilea y a la fiesta estaba invitada María, la Madre de Jesús, así como el mismo Jesús y sus Apóstoles. Estaba por tanto una gran multitud de gente reunida, cuando notaron que quedaba poco VINO para tantos invitados.

Preocupada, María dijo a su hijo que no tenían vino, pero Jesús contestó que no había llegado su hora.

Sin embargo, María conocía bien a su hijo y dijo a los criados que hicieran cuanto Él dijese.

En la casa había unas TINAJAS de piedra muy grandes que se usaban para las purificaciones judías. En cada una de las tinajas cabía el contenido de tres cántaros. Jesús las vio y mandó a los criados llenarlas de agua. Después les pidió que repartieran la BEBIDA entre los invitados.

Cuando probaron aquella bebida, milagrosamente se había convertido en vino. Y además un vino más rico que el que se había servido antes. Así hizo Jesús su primer milagro y los discípulos le creyeron. El novio quedó muy contento y todos disfrutaron del sabor y cantidad del vino.

El paralítico

Estaba Jesús predicando en una casa en Cafarnaún cuando llegaron cuatro hombres cargados con la camilla de un PARALÍTICO. Viendo que no cabían, quitaron la lona que tapaba el techo y lo descolgaron hasta dejarlo ante Jesús.

Cuando Jesús vio la fe de aquel hombre, se acercó a él y le dijo: «Te perdono tus pecados». La gente se extrañó, porque solo Dios puede absolvernos de nuestros PECADOS. Entonces Jesús les sorprendió: «Soy Hijo de Dios y perdono sus pecados como puedo hacerle andar. LEVÁNTATE», le dijo al paralítico. Y para sorpresa de todos, este se levantó y salió caminando.

La hija de Jairo

Jesús estaba con los Apóstoles cuando, tras una cena, vinieron preguntando por Él. Era JAIRO, un hombre importante en la comunidad que ostentaba el cargo de jefe de la SINAGOGA, y tenía una hija de doce años, a la que amaba mucho y que estaba muy enferma. El hombre creía que si Jesús ponía su mano sobre ella, la vida volvería a su cuerpo.

Jesús marchó hacia la casa del hombre. Por el camino, llegó gente diciendo que la hija de Jairo había muerto y que ya no hacía falta molestar al Maestro, pero Jesús TRANQUILIZÓ al padre y mandó a todos que no le siguieran, excepto Pedro, Santiago y Juan, tres de sus Apóstoles. Entró en la casa de Jairo y vio a las plañideras velando a la muchacha.

Jesús tomó la mano de la niña diciéndole «NIÑA, LEVÁNTATE», y la pequeña DESPERTÓ y se puso a caminar sin dar muestras de enfermedad o debilidad alguna para el asombro y la alegría de su familia.

El criado del centurión

En una ocasión que Jesús estaba en Cafarnaún, recibió a los enviados de un CENTURIÓN romano: su más fiel CRIADO había caído enfermo y acudía a Él pidiéndole ayuda. Este era un romano bueno que aceptaba las creencias de los judíos.

Por eso Jesús se dirigió a su HOGAR para sanar al criado. Una vez allí, en la puerta de la casa, el centurión lo detuvo y de rodillas le dijo: «Señor, no soy digno de que entres en mi casa, di solo una palabra y mi criado se curará».

Jesús quedó admirado por sus palabras e hizo notar a sus seguidores la bondad de aquel hombre: «Su FE es mayor que la de los hijos del pueblo de Israel». Tras estas palabras, entraron en la casa y el criado estaba curado.

La tormenta

Estaba Jesús a las orillas del mar enseñando PARÁBOLAS. Al terminar, quiso ir al otro lado y se montó en una barca. Los que lo habían escuchado quisieron seguirlo y sacaron sus barcas al mar. Pero se desató una TERRIBLE TORMENTA y los hombres tuvieron miedo.

Entonces, Jesús levantó la mano y amenazó al viento y a las nubes, mandándoles sosegarse. Al momento el CIELO se despejó y volvió la calma. Los hombres quedaron asombrados. ¡Era un MILAGRO! Y todos ellos pensaron: «¿Quién es ÉL a quien incluso el viento obedece?».

El milagro de los panes y los peces

Hubo una ocasión en la que Jesús había estado predicando junto a sus Apóstoles ante una multitud de personas. Escuchándole, el día tocó a su fin y comenzó a anochecer, de manera que los Apóstoles le dijeron: «Maestro, di a estas gentes que te siguen que se marchen, porque se está haciendo de noche y deberían buscar ALOJAMIENTO y algo para comer en alguno de los pueblos cercanos. Piensa que estamos en mitad del DESIERTO y aquí no hay nada, y que si no les dices que se vayan, se quedarán fielmente a tu lado y podrían enfermar por la DEBILIDAD».

Jesús les respondió que les dieran algo de comer y así podrían quedarse y seguir escuchando la PALABRA DE DIOS. Pero los Apóstoles le dijeron que no había suficiente comida para todos, pues solo había cinco PANES y dos PECES, algo que ni siquiera era suficiente para que comieran ellos.

Los Apóstoles insistieron al Maestro pidiéndole dinero para comprar más PROVISIONES y así poder alimentar a todos ellos.

Había a su alrededor ya al menos cinco mil personas y Jesús dijo a sus Apóstoles: «Que se sienten todos en grupos de cincuenta en cincuenta».

Una vez organizados los grupos, Jesús tomó los cinco panes y los dos peces, levantó los ojos al cielo y dando gracias a Dios, bendijo aquellos alimentos y los partió. De forma MILAGROSA, los panes y los peces se MULTIPLICARON y sirvieron de cena para todas aquellas personas, que se saciaron y además sobraron doce cestos llenos de pan y peces.

Después de este milagro todos los presentes estaban impresionados por la bondad del Maestro. Y gracias a ello, pudieron seguir escuchándolo más tiempo.

Jesús camina sobre el mar

Después del milagro de los panes y los peces, Jesús quiso retirarse a rezar. Cuando terminó, la BARCA en la que había venido estaba lejos de la orilla, así que caminó sobre el mar para acercarse a ella.

Estaban los Apóstoles esperando en la barca, cuando vieron venir a Jesús caminando sin esfuerzo sobre las aguas y se asustaron pensando que era un FANTASMA. Jesús les dijo: «No temáis, soy yo, el Maestro». Para dar prueba de ello, mandó a Pedro que caminara hasta Él, y cuando se iba a caer, Jesús extendió entonces su mano y lo agarró con fuerza diciéndole: «Hombre de poca FE, ¿por qué has dudado de mí?».

Y entonces paró el viento y el oleaje y todo se quedó en calma pudiendo regresar a tierra en la barca con total normalidad.

El ciego de Jericó

Durante su PREDICACIÓN, en cierta ocasión Jesús y sus discípulos llegaron a JERICÓ. En la puerta de la ciudad se encontraron con un hombre CIEGO que estaba sentado a un lado del camino pidiendo limosna.

El ciego había escuchado lo que contaban de Jesús, que era misericordioso y se acercaba a los más NECESITADOS, que podía curar las enfermedades y que sus palabras daban consuelo a todos, así que empezó a gritar: «¡Ten COMPASIÓN de mí!».

Jesús se paró y le mandó acercarse, preguntándole qué quería. El ciego se levantó contestando: «Maestro, haz que yo VEA». Dicho y hecho, el ciego vio al instante. «Tu FE te ha curado», le dijo Jesús. Y el hombre lo siguió.

La transfiguración

Un día Jesús quiso hablar a solas con algunos de sus APÓSTOLES. Escogió a Pedro, a Santiago y a Juan y los llevó a un monte elevado.

Ante ellos se TRANSFIGURÓ: sus vestidos se volvieron blancos, su rostro se iluminó y aparecieron Moisés y Elías. Los Apóstoles guardaron el SECRETO, como les pidió Jesús.

Lázaro

Algún tiempo después, MARÍA DE BETANIA y su hermana MARTA supieron que Jesús se dirigía a su ciudad y le enviaron el recado de que su hermano LÁZARO estaba muy enfermo. Para asombro de todos, Jesús no acudió a su llamada.

Al contrario, se fue a Judea y cuando le preguntaron por Lázaro, Jesús dijo que dormía. Se refería al sueño de la muerte y tuvo que explicarlo claramente: «Lázaro ha muerto, y me alegro de no estar allí, porque ahora iremos y vosotros creeréis».

Cuando llegaron a Betania, Lázaro había muerto y llevaba enterrado cuatro días. Jesús fue al SEPULCRO, allí mandó apartar la piedra de la entrada y gritó: «Lázaro, levántate y sal afuera». Al instante, Lázaro salió.

Muchos judíos que lloraban la muerte de Lázaro creyeron en Jesús al ver este MILAGRO, pero otros contaron a los FARISEOS lo que habían visto. El sumo sacerdote CAIFÁS, temeroso y egoísta, pensó que lo mejor sería deshacerse de aquel al que llamaban MAESTRO.

Parábola del sembrador

Jesús reunía a la gente para contarles con historias, llamadas PARÁBOLAS, el auténtico significado de sus palabras.

«Cierto día un hombre salió a esparcir los granos de la SIEMBRA. Unos cayeron cerca del camino y los pájaros se los comieron. Otros cayeron entre las piedras, donde había poca tierra, y se secaron por la falta de agua. Otros cayeron entre espinos y estos ahogaron los finos tallos de los brotes. Y algunos, por fin, cayeron en tierra buena, crecieron y dieron su FRUTO».

Quien oye la palabra de Dios sin prestar atención es como el grano en el camino: enseguida PIERDE lo aprendido. El que la recibe pero no la afianza, enseguida DESCONFÍA de ella. El que la escucha pero la comparte con otras creencias, al final la DESOBEDECE. Y por fin, quien la oye y MEDITA sobre ella, obtiene algún FRUTO POSITIVO.

Parábola del buen samaritano

«Hubo un hombre que viajaba desde Jerusalén hasta Jericó él solo. Por el camino, una banda de LADRONES lo atacó y no solo le robaron todo lo que llevaba, sino que además rompieron sus ropas y lo golpearon dejándolo malherido en mitad del camino.

Pasó por delante del HERIDO un sacerdote que llevaba prisa y, aunque lo vio, pasó de largo. Más tarde pasó un levita, pero tampoco se apiadó del herido, sino que se marchó sin ni siquiera asegurarse de si estaba vivo o muerto.

Luego pasó por allí un SAMARITANO que viajaba y al ver lo malherido que estaba, se paró junto a él. Primero le curó las heridas y se las vendó, luego lo llevó a una posada, donde lo alojó y lo cuidó toda la noche. Cuando llegó la mañana, pagó al posadero por adelantado para que cuidara del hombre maltratado hasta que se curara del todo».

El buen samaritano nos enseña que hay que comportarse siempre con MISERICORDIA y BONDAD con todos aquellos necesitados de ayuda.

Parábola del buen pastor

«El que no entra por la puerta en el redil de las ovejas, no es pastor, sino ladrón. Pero el que entra por la puerta del REDIL es el pastor de las ovejas, él entra y las llama por su nombre y las saca. Y cuando ya están todas fuera, el PASTOR va delante, las conduce y las OVEJAS le siguen porque reconocen su voz, mientras que al extraño no lo seguirían».

Los que estaban a su alrededor no entendían sus palabras y Jesús les explicó que la puerta de las ovejas era Él y que todos los que vinieron antes eran ladrones y por eso no les escucharon las ovejas. A través de Él, el que entrara estaría a salvo y podría encontrar buenos pastos.

Jesús quería dar a entender que Él era el DUEÑO y buen pastor que da la vida por las ovejas. Por eso el ladrón, cuando ve venir al lobo, huye para salvarse y ABANDONA a las ovejas a su suerte, porque no le importan. El deber del Señor es proteger a las ovejas de su redil, además de atraer a otras para que se acerquen a ÉL.

Parábola del hijo pródigo

«Un hombre tenía dos hijos. El menor le pidió su parte de la herencia y se marchó a un país lejano, donde vivió gastando el DINERO hasta que se le acabó.

Cuando estaba arruinado se puso a cuidar cerdos, pero le daban menos dinero que a los animales para comer. Recordando que los criados de su padre vivían mejor, pensó en volver junto a su familia, pedir PERDÓN y rogar que lo admitieran en la casa como un criado más.

Cuando llegaba a su hogar, su padre lo vio y corrió hacia él para besarlo. El joven, ARREPENTIDO, le dijo: "No soy digno de ser tu hijo". Pero el hombre le dio ropas nuevas y preparó un banquete.

Pero el hijo mayor vio los honores que recibía su hermano y se indignó: "Si yo le he servido siempre sin DESOBECER, ¿por qué no celebra una fiesta para mí?". El padre le contestó que todo lo suyo era de los dos y añadió que su otro hijo había muerto y ahora había RESUCITADO».

El Padrenuestro

En otra ocasión estaba Jesús rodeado de los suyos y le dijeron: «Señor, enséñanos a REZAR, ¿cuál es la mejor oración para que Dios nos escuche?». Y entonces Jesús les enseñó el PADRENUESTRO:

«Padre nuestro que estás en el cielo,
santificado sea tu nombre,
venga a nosotros tu reino,
hágase tu voluntad en la tierra como en el cielo.
Danos hoy nuestro pan de cada día,
perdona nuestras ofensas
como también nosotros perdonamos
a los que nos ofenden.
No nos dejes caer
en la tentación
y líbranos del mal».

Dejad que los niños se acerquen a mí

Estando Jesús enseñando las parábolas, algunas personas se acercaban con sus hijos para que los tocase, porque esperaban recibir de sus manos la BENDICIÓN del Señor.

De este modo, muchas veces los niños correteaban a su alrededor y jugaban despreocupadamente cerca de Él. Viendo que quizá con su movimiento y sus JUEGOS podrían molestar a Jesús, las gentes les decían que se alejaran un poco.

Pero Jesús llamó entonces a los niños para que se colocaran junto a Él y dijo: «Dejad que los niños se ACERQUEN a mí, no les riñáis ni les reprochéis que con sus alegres juegos puedan molestarme, porque yo os digo que el REINO DE LOS CIELOS está lleno de personas como ellos».

Porque, según Él, aquel que no reciba el Reino de Dios como un niño, con PUREZA y SENCILLEZ, no podrá entrar en él.

Entrada en Jerusalén

Cuando Jesús anunció a sus Apóstoles que Él era el MESÍAS, les pidió también que guardaran el secreto e inmediatamente después tuvo que explicarles su MISIÓN: debía ir a Jerusalén, donde iba a encontrar la muerte: «Padeceré dolores y tormentos, seré condenado por los ancianos y los jueces, y finalmente moriré. Pero RESUCITARÉ al tercer día».

Se acercaba el día señalado para su muerte y Jesús viajaba camino de JERUSALÉN. Estaba ya muy cerca, bajo el MONTE DE LOS OLIVOS, cuando pidió a dos de sus discípulos que le acercasen un borrico.

A su paso, la gente que se CONGREGABA se desprendía de sus ropas y las extendía ante Él.

Otros cortaban ramos de los árboles y los posaban por donde Jesús iba a pasar. Y tanto los que le precedían como los que iban por detrás, alababan el nombre de Dios, maravillados por los PRODIGIOS que habían visto hacer a Jesús.

«¡Bendito el que viene en nombre del Señor! ¡Paz en el cielo y en la tierra! ¡GLORIA A DIOS!». Aquellos que no lo conocían, preguntaban quién era Él y el resto respondía: «Es Jesús, el profeta de Nazaret».

Jesús echa a los mercaderes del templo

Cuando por fin entraron en Jerusalén, Jesús fue al TEMPLO. Allí los comerciantes solían situar sus tenderetes y la gente vendía y compraba distintas MERCANCÍAS, como alimentos y algunas baratijas.

Cuando Jesús vio aquello, se entristeció y los echó a todos explicando sus razones. «Esta es la CASA DE DIOS y está escrito que debe utilizarse para ORAR», dijo a los mercaderes.

Entonces los comerciantes recogieron sus cosas y se marcharon, dejando el templo vacío y SILENCIOSO, como Jesús quería: un espacio que sirviera para rezar.

Jesús iba al templo cada día para hablar allí a los que quisieran escucharle, que eran muchos. Enseñaba a las gentes la Palabra de Dios y los PODEROSOS, príncipes, sacerdotes y escribas, pensaban que si seguía así podría arrebatarles su poder, porque las gentes le escuchaban y hacían lo que Él mandaba.

De ese modo comenzaron a pensar en la manera de deshacerse de Él para recuperar su INFLUENCIA.

Judas visita a los sacerdotes

Los que odiaban a Jesús no veían la manera de terminar con Él, porque si iban y lo detenían delante de todo el pueblo, las gentes podrían indisponerse contra ellos y así, esperaban que llegara el momento adecuado para apresarlo.

Cuando se acercaba la fiesta de la Pascua, SATANÁS, el demonio, se apoderó del corazón de uno de los doce Apóstoles, JUDAS ISCARIOTE, que fue a visitar a los principales para explicarles el modo para acabar con la vida de Jesús: él se lo entregaría en cuanto tuviera una oportunidad y estuviera apartado del pueblo para evitar el tumulto, y a cambio ellos le entregarían TREINTA MONEDAS de plata.

La última cena

Faltaban solo dos días para la celebración de la PASCUA judía cuando Jesús se reunió con algunos de sus discípulos en casa de Simón, el leproso. Les recordó que pronto llegaría la hora de su muerte.

El primer día de la fiesta de Pascua, Jesús fue con sus doce DISCÍPULOS a celebrar la ÚLTIMA CENA. En la mesa, Jesús habló con ellos a modo de DESPEDIDA: «Amaos unos a otros como yo os he amado, porque en esto notarán que sois mis discípulos. También os diré que el que me ha de TRAICIONAR está entre nosotros, porque debe cumplirse el DESTINO del Hijo del Hombre». Además, Jesús se dirigió a Pedro y le dijo: «Antes de que cante el gallo me NEGARÁS tres veces, pero a pesar de ello, tu fe persistirá».

Los doce Apostóles se mostraron muy apenados, pero Jesús continuó la cena: bendijo el PAN y el VINO, lo repartió para que todos tomaran parte de él y les explicó que aquello era su cuerpo y su sangre, que sería derramada para conseguir el perdón de los PECADOS de los hombres.

Jesús en el Monte de los Olivos

Cuando terminaron la cena, Jesús se retiró al llamado MONTE DE LOS OLIVOS porque deseaba orar a Dios. Esta vez pidió a los Apóstoles que lo acompañaran. Jesús se arrodilló en el suelo y se puso a rezar diciendo estas palabras: «Padre, si puede ser y si es de tu agrado, aleja de mí este CÁLIZ. Pero si ello no es posible, entonces que no se haga mi voluntad, sino la tuya».

En ese momento, en mitad de sus oraciones, se apareció ante Jesús un ángel de Dios que desprendía una gran LUMINOSIDAD y Jesús rezó con tanta intensidad, que comenzó a sudar de una forma muy extraña que recordaba más bien a la sangre.

Los Apóstoles sentían una gran tristeza y CONMOCIÓN esa noche.

El beso de Judas

Cuando bajó del Monte, los discípulos que lo habían acompañado estaban dormidos. Jesús los despertó y en ese momento llegó un tropel de hombres y guardias encabezados por JUDAS ISCARIOTE, que se acercó al Señor y lo besó, pues esa era la SEÑAL convenida con los guardias para que detuviesen al hombre señalado. Jesús no se defendió ni se extrañó, porque conocía su DESTINO.

Lo llevaron preso al palacio de CAIFÁS, que era el sumo sacerdote. Allí, jueces y príncipes buscaban falsos testigos para condenarlo a muerte, pero no lo conseguían. Sin embargo, el propio Jesús les dio motivo: reconoció ser el HIJO DE DIOS y lo acusaron de blasfemo y pecador.

Al mismo tiempo, Pedro NEGÓ tres veces a Jesús, tal y como Él había predicho en la última cena y después lloró amargamente muy arrepentido.

Jesús ante Pilato

A la mañana siguiente llevaron a Jesús ante PILATO, que gobernaba en Jerusalén. Oyendo las acusaciones que hacían contra Él, Pilato le pidió que se defendiera, pero Jesús asumió su CONDENA.

Por Pascua era costumbre liberar al preso que la gente eligiera. Pilato ofreció la posibilidad de liberar a Jesús, pues sabía que estaba condenado por envidia, pero los sacerdotes habían convencido a la gente y pidieron la libertad de BARRABÁS, el otro preso, acusado de asesinato.

La suerte de Jesús estaba echada. Lo azotaron, le pusieron en la cabeza una corona de espinas entretejidas y le obligaron a llevar una CRUZ a cuestas.

La Crucifixión

Durante el camino lo escupían, lo golpeaban y se burlaban de Él. En el MONTE DEL CALVARIO lo desnudaron y finalmente, lo crucificaron clavando un cartel sobre Él: «Jesús Nazareno, Rey de los Judíos».

La Resurrección

Al poco de morir, un buen hombre pidió el cuerpo de Jesús para enterrarlo, lo envolvió en una sábana y lo llevó a una SEPULTURA.

Tres días después, las mismas mujeres que lo habían llorado, MARÍA MAGDALENA, MARÍA, madre de Santiago, y SALOMÉ, quisieron ir a embalsamar a Jesús, pero al acercarse al sepulcro comprobaron que estaba abierto. ¡Jesús no estaba en él! Entonces, un ángel les anunció: «¿Porqué buscáis entre los muertos al que está vivo? Id a GALILEA y veréis a Cristo resucitado».

Las tres mujeres avisaron enseguida a sus discípulos y a todos los seguidores que lloraban su muerte. Pero, a pesar de que Jesús se aparecía entre ellos, mucha gente no quiso creer en la RESURRECCIÓN.

Jesús resucitado ante los Apóstoles

Dos de los discípulos de Jesús iban caminando hacia la aldea de EMAÚS hablando de lo sucedido sobre Jesús el Nazareno, cuando les salió al encuentro el mismo Jesús, aunque ellos no lo reconocieron.

Entraron en la ciudad y Jesús se quedó con ellos a cenar. Cuando vieron cómo partía el pan y se lo daba, RECONOCIERON en Él a Jesús, pero desapareció de pronto y sus dos seguidores regresaron a toda prisa a Jerusalén para reunir a los Apóstoles y contarles lo que había sucedido.

Los once APÓSTOLES estaban reunidos hablando de lo que les acababan de contar, cuando Jesús se apareció de repente ante ellos y les dijo: «La PAZ sea con vosotros. No temáis, porque soy yo; no deis lugar en vuestro corazón a pensamientos lúgubres».

Jesús continuó diciendo: «Ved mis MANOS y mis PIES con las señales de la CRUCIFIXIÓN. Estaba escrito que moriría para la salvación y el perdón de los pecados de todos los hombres, y también que RESUCITARÍA al tercer día de entre los muertos. Vosotros sois mis testigos».

Al principio, los Apóstoles sintieron temor, pero cuando reconocieron en Él a Jesús se alegraron en sus corazones y comprendieron cuál era su misión. Después los sacó a todos afuera, al camino de BETANIA, y levantando hacia el cielo las manos, les dio su BENDICIÓN diciéndoles: «Id por todo el mundo y predicad el EVANGELIO entre todos los hombres».

Y al mismo tiempo que los bendecía, fue separándose de ellos y elevándose hacia el CIELO, donde está sentado a la derecha del Padre.

Los Apóstoles regresaron a Jerusalén con gran júbilo. Allí estaban continuamente en el templo, alabando y bendiciendo a Dios. Con el tiempo, viajaron por muchos lugares predicando la doctrina del Señor.

Aprende más...

Personajes de la Biblia

AARÓN

Hermano de Moisés, al que acompañó durante el éxodo, y primer Sumo Sacerdote judío.

ABEL

Segundo hijo de Adán y Eva, que murió a manos de su hermano mayor, el envidioso y celoso Caín.

ABRAHAM

Primer patriarca de Israel con el que Dios estableció un pacto y a quien entregó la Tierra Prometida.

ADÁN

Primer hombre creado por Dios de la misma tierra, que se dejó tentar por su esposa Eva y fue castigado a abandonar el Paraíso.

ANA

1. Mujer estéril que concibió de manera milagrosa al profeta Samuel.
2. Madre de la Virgen María.

ANDRÉS

Apóstol de Jesús, hermano de Simón Pedro.

BARTOLOMÉ

Apóstol de Jesús, que solía acompañar al Apóstol Felipe.

BENJAMÍN

Segundo hijo de Israel o Jacob con su esposa Raquel y que era el menor de todos sus hijos.

BOOZ

Hombre rico que se apiada de Rut permitiéndole recoger el trigo perdido y que después se convirtió en su marido.

CAÍN

Hijo mayor de Adán y Eva, que se convirtió en el asesino de su hermano Abel por celos.

CALEB

Uno de los exploradores que Moisés envió a la Tierra Prometida (Canaán) y que junto a Josué, permaneció fiel a Dios.

CAM

Segundo hijo de Noé.

CÉSAR AUGUSTO

Emperador del Imperio Romano, que promulgó el edicto del censo o empadronamiento por el que María y José tuvieron que ir a Belén, donde nació Jesús.

DALILA

Mujer de Sansón, al que traicionó contando el secreto de la fuerza de su cabellera a los filisteos.

DANIEL

Profeta capaz de ver e interpretar los sueños y que salió sano y salvo de una jaula llena de leones.

DARÍO

Rey de Israel.

DAVID

Importante rey de Israel que a pesar de su grandeza, también cometió pecados, como su relación adúltera con Betsabé, de la que nació Salomón.

ELÍAS

Profeta de Israel que predijo la gran sequía como castigo a la idolatría de Ajab.

ELISEO

Profeta de Israel seguidor de Elías capaz de hacer milagros.

ESAÚ

Hijo de Isaac y Rebeca y hermano de Israel o Jacob, con el que rivalizó durante su juventud.

EVA

Primera mujer creada por Dios. Aceptó la tentación de la serpiente y a su vez tentó a

Adán, su marido, para pecar. Por ello, ambos fueron expulsados del Paraíso.

EZEQUÍAS

Rey del sur de Israel (Judá), mientras Senarequib gobernaba el norte.

FELIPE

Apóstol de Jesús que también fue seguidor de Juan el Bautista.

GABRIEL

Arcángel que anunció a María que sería Madre de Jesús.

GEDEÓN

Juez de Israel que venció a los madianitas.

GOLIAT

Soldado filisteo gigantesco y fuerte que sin embargo perdió un combate singular con David.

HELÍ

Sacerdote de Israel que prohijó a Samuel.

HERODES

Rey de Judea, Galilea y Samaria responsable de la matanza de los inocentes cuando nació Jesús.

ISAAC

Patriarca de Israel, hijo de Abraham y Sara, al que su padre estuvo a punto de sacrificar por fidelidad a Dios y que se casó con Rebeca, de cuyo matrimonio nacieron Esaú y Jacob o Israel.

ISABEL

Pariente de la Virgen María que concibió ya en su vejez y por obra divina a Juan el Bautista.

ISAÍAS

Profeta de Israel que apoyó al pueblo de Jerusalén durante el asedio de Sennaquerib y que anunció el nacimiento de Jesús.

ISRAEL o JACOB

Patriarca de Israel conocido primero por el nombre de Jacob y luego por el de Israel. Hijo de Isaac y Rebeca y nieto de Abraham. De los doce hijos de Israel nacieron las doce tribus.

JAIRO

Jefe de la sinagoga a cuya hija curó Jesús milagrosamente.

JESÚS

Conocido por muchos nombres: Jesús de Nazaret, Jesucristo, el Nazareno, Cristo, Hijo de Dios, Mesías, Hijo del Hombre... representa la encarnación humana de Dios. Su destino fue sufrir y morir para resucitar y dar así la salvación a todos los hombres.

JEZABEL

Esposa de Ajab, a quien incita a la idolatría del dios Baal.

JONÁS

Profeta que pasó tres días en el vientre de una ballena como castigo por haber desobedecido la orden de Dios.

JONATÁS

Hijo del rey Saúl y gran amigo de David.

JOSÉ

1. Primer hijo de Israel o Jacob con su esposa Raquel, que sería vendido por sus hermanos y después se reencontraría con ellos en Egipto.
2. Esposo de la Virgen María y padre terrenal de Jesús.

JOSUÉ

Uno de los exploradores que Moisés envió a la Tierra Prometida (Canaán) y que junto a Caleb, permaneció fiel a Dios.

JUAN BAUTISTA

Hijo de Isabel y Zacarías, nacido ya en su vejez por gracia de Dios, fue el profeta que predicó que llegaría el Mesías y quien bautizó a Jesús.

JUDÁ

Cuarto hijo de Israel o Jacob con su esposa Lía.

JUDAS

También conocido como Judas Tadeo. Apóstol de Jesús, hermano de Santiago de Alfeo o Santiago el Menor.

JUDAS ISCARIOTE

El Apóstol traidor a Jesús que le vendió por treinta monedas de plata. Se arrepintió y al no poder enmendar su error, terminó suicidándose.

LÁZARO

Hermano de Marta y María de Betania, al que Jesús resucitó después de muerto.

LEVÍ

Tercer hijo de Israel o Jacob con su esposa Lía.

LÍA

Hija mayor de Labán y primera esposa de Israel, al que le dio seis hijos.

LOT

Sobrino de Abraham, con el que se repartió la tierra.

MARÍA

Madre de Jesús. Mujer especialmente sencilla y virtuosa que concibió siendo virgen por gracia del Espíritu Santo.

MARÍA DE BETANIA

Hermana de Marta y Lázaro, limpió los pies de Jesús con sus lágrimas y sus cabellos.

MARÍA MAGDALENA

Seguidora de Jesús, a la que había sacado demonios de su cuerpo. Fue testigo de la Resurrección.

MATEO

Apóstol de Jesús, que abandonó todas sus riquezas por él. Es uno de los cuatro evangelistas.

MOISÉS

Profeta de Israel que fue salvado de la muerte por la hija del Faraón y que después se enfrentó a Egipto para liberar al pueblo de Israel. Sufrió el éxodo, condujo al pueblo a través del mar y recibió las tablas de la Ley del mismo Dios.

NAAMÁN

Militar aquejado de lepra al que curó milagrosamente el profeta Eliseo.

NABUCODONOSOR

Rey babilonio que conquistó Judá y Jerusalén.

NEFTALÍ

Segundo hijo de Israel o Jacob con la esclava Bilhá.

NOÉ

Único hombre justo que Dios salvó del Diluvio Universal para que fuera el padre de todos los hombres de la nueva humanidad.

NOEMÍ

Suegra de Rut, a la que ayuda para que finalmente pueda casarse con Booz.

RAQUEL

Esposa preferida de Israel, con la que tuvo dos hijos: José y Benjamín.

REBECA

Esposa de Isaac y madre de Israel.

PEDRO o SIMÓN

El primer Apóstol de Jesús, que fue el pilar de su Iglesia.

PONCIO PILATO

Prefecto romano en Judea que a pesar de no hallar culpable a Jesús, lo entregó al pueblo para que fuera crucificado.

PUTIFAR

Jefe de guardia del faraón egipcio y amo de José, al que apresó cuando su esposa le denunció falsamente.

REYES MAGOS

Magos de Oriente que siguiendo una estrella llegaron hasta Belén para adorar a Jesús.

RUBÉN

Hijo mayor de Israel o Jacob con su esposa Lía.

RUT

Viuda que acompañó a su suegra Noemí a Canaán, donde recogía el trigo sobrante de Booz, con el que terminó casándose.

SALOMÓN

Último rey de Israel, hijo de la relación adúltera del rey David y Betsabé, conocido por su especial sentido de la justicia.

SAMUEL

Profeta de Israel que fue prohijado por el sacerdote Helí y que ungió a Saúl como rey.

SANSÓN

Hombre de fuerza extraordinaria que se enfrentó a los filisteos. Su poder provenía de su larga cabellera y fue traicionado por Dalila, quien reveló el secreto a sus enemigos.

SARA

Mujer de Abraham, que era estéril, aunque pudo concebir a Isaac por gracia de Dios.

SAÚL

Rey de Israel ungido por Samuel que se enfrentó por celos a David.

SÉFORA

Mujer de Moisés.

SEM

Primer hijo de Noé.

SENNAQUERIB

Rey de Israel.

SET

Tercer hijo de Adán y Eva. Nacido cuando sus padres ya eran ancianos para consolarles por la pérdida de sus hijos anteriores, Caín y Abel.

SIMEÓN

1. Segundo hijo de Israel o Jacob con su esposa Lía.
2. También se llamaba Simeón el hombre piadoso que recibió a María cuando llevó al Niño Jesús al Templo.

SIMÓN EL ZELADOR

También llamado Simón el Cananeo. Apóstol de Jesús.

TOMÁS

Apóstol de Jesús.

ZACARÍAS

Profeta de Israel.

Contenido

Antiguo Testamento

Nuevo Testamento

Aprende más...